Une
Terre bourbonnaise

AU XVIIIᵉ SIÈCLE

LES MAYSONNEUVE DE CASAUBON

Seigneurs de Saint-Gerand-de-Vaux, Saint-Loup et Gouise

— *1763-1783* —

PAR C. GRÉGOIRE

MOULINS

L. GRÉGOIRE, LIBRAIRE-ÉDITEUR

Successeur de H. DUROND

2, Rue François-Péron

1012

XXV

CURIOSITÉS BOURBONNAISES

Une
Terre bourbonnaise

AU XVIIIe SIÈCLE

LES MAYSONNEUVE DE CASAUBON

Seigneurs de Saint-Gérand-de-Vaux, Saint-Loup et Gouise

— *1763-1783* —

PAR C. GRÉGOIRE

MOULINS

L. GRÉGOIRE, LIBRAIRE-ÉDITEUR

Successeur de H. DUROND

2, *Rue François-Péron*

—

1912

Une Terre bourbonnaise

AU XVIIIᵉ SIÈCLE

JEAN-MAURICE Maisonnave ou Maysonneuve de Casaubon [1]
était né à Tornos (Bayonne), le 22 septembre 1696,
de Jean-Jacques Maisonnave, dit Casaubon, et de Marie de
la Lande. Il avait un frère aîné, Bernard-François, né
également à Tornos, le 10 septembre 1694, qui fut banquier
à Bayonne, citoyen de cette ville et un de ses échevins.
Marthe-Elisabeth, leur sœur, avait épousé Debusty,
lieutenant particulier, civil et criminel, au sénéchal de
Bayonne.

Nous croyons que Jean-Maurice s'occupait de banque à
Bayonne, avec son aîné. Ils étaient en relations avec une
importante maison de Cadix, dirigée par la famille Béhic,

1. Jean-Maurice s'appelait en réalité Maisonnave ou Maysonneuve,
mais son père avait ajouté à ce nom celui d'une terre de Casaubon ;
c'est sous ce nom de Casaubon que Jean-Maurice et son frère, Bernard-François, firent de la banque et ces grandes affaires commerciales
qui leur valurent, en 1751, les lettres royales, publiées plus loin, les
rétablissant dans leur noblesse.

Le dossier qui nous a servi pour écrire cette notice appartient à M. L.
Grégoire, libraire. Il comprend des titres de famille, de la correspon-
dance, des contrats d'acquisition, des baux, des pièces de la régie de
Saint-Gerand, quelques plans, etc.

faisant un gros commerce maritime avec la France, l'Espagne et les colonies. Jean-Maurice se disposait, quand il se maria, le 16 octobre 1731, à aller s'associer avec ces Béhic.

Les familles des deux futurs époux, Jean-Maurice de Casaubon et Claude de Lespès, devaient avoir à Bayonne une des premières situations du pays, car on trouve dans tous les parents et amis conviés à signer à leur contrat, les noms des plus notables de la ville, appartenant à la noblesse, aux officiers du roi, aux titulaires de charges.

Le 15 octobre 1731, ce contrat fut passé dans la maison noble de Lissague, hors la porte de Mauzerolle de Bayonne, paroisse de Saint-Pierre-d'Irube, pays de Labour, par devant Duclercq, notaire royal, en présence de Roger Labordette et de M⁰ Pierre Duboscq, huissier de l'amirauté. Devant eux comparurent :

Jean-Maurice Casaubon de Maysonneuve, écuyer, fils naturel et légitime de feu Jean-Jacques Casaubon de Maysonneuve, écuyer, et de dame Marie de la Lande, sa mère, assistés de M⁰ François Casaubon de Maysonneuve, écuyer, son frère, banquier, citoyen de Bayonne, et un de ses anciens échevins ; messire Dardoncourt, chevalier de Saint-Louis, commandant pour le roy à Bayonne, et major d'homme de S. M. la reine, première douairière d'Espagne ; messire Pierre, comte de Bruix, écuyer, ancien major d'homme de la reyne d'Espagne et cousin du futur époux ; messire Jean-Baptiste Debusty, conseiller du roy, lieutenant particulier, civil et criminel au sénéchal de Bayonne, beau-frère du futur ; messire Vincent de Bruix, conseiller du roy et son procureur au sénéchal de Bayonne, proche parent du futur ; sieur Léon de Maysonneuve, citoyen de Bayonne, cousin germain de l'époux ; messire Pierre de Lanes, lieutenant général de la maîtrise des ports, cousin germain de l'époux ; messire de Baville, chevalier de Saint-Louis et commandeur pour le roy au château vieux de Bayonne ; messire Jean de Castaing, chevalier de Saint-Louis et major de la place ; M. Charles Darriche, ancien échevin et homme d'armes, proche parent ; MM. Behic père et fils, anciens échevins, et Jurat, proches parents ; Charles Darriche, parent ; messire Claude d'Esmonin, directeur de la monnaye et des fermes générales ; messire Jean Truchat, écuyer, seigneur de la Tournelle ; M. Dominique Duhagon, lieutenant général d'épée au sénéchal de Bayonne ; Etienne Harriague, conseiller du roy, receveur des grandes coutumes et trésorier du dit Bayonne ; Latrague, homme d'armes,

D'une part ;

Messire Salvat de Lespès, seigneur de Hureaux, conseiller du roy, lieutenant général du sénéchal de Bayonne, et dame Jeanne-Marie de Larreteguy, conjoints, faisant et contractant pour demoiselle Claude de Lespès, leur fille cadette naturelle et légitime, icy présente, assistés de messire André de Lespès de Hureaux, doyen de l'églize collégiale du Saint-Esprit ; M. Etienne Dulignier, docteur en théologie et curé de la présente paroisse ; messire Jean de Dinzac, chevalier de Saint-Louis et commandant pour le roi à la citadelle ; M. Glaudon, chevalier de Saint-Louis et lieutenant d'artillerie ; noble Jean de Larreteguy, avocat en parlement et ancien commissaire de la marine ; noble Charles de Larralde, écuyer ; messire Jean de Laborde, conseiller du roi, lieutenant général de l'amirauté ; M. André de Laborde, écuyer de S. M. la reyne première douairière d'Espagne ; M. Louis-Laurent Dollines, conseiller du roy, maître des ports ; M. Jean-Louis de Rol-Montpellier, écuyer, seigneur baron de Los ; M. Pierre Lalande-Gayon, capitaine de cavalerie au cap François ; M. Jean-Baptiste du Brethon, échevin ; M. Etienne de Labot, ancien magistrat dudit Bayonne et homme d'armes ; noble Charles de Larrezet, écuyer ; M. Léon Dulinier, citoyen et ancien échevin M. Jean Detcheverry, ancien receveur des amendes,

D'autre part.

La future épouse apportait « tous les droits paternels et maternels qu'elle avait et pouvait prétendre, lesquels droits seront payés suivant le règlement de famille qui serait fait, moytié au décès du père et moytié au décès de la mère, sans aucune rente ny intérêt pendant ledit temps ». Le sieur Jean-Maurice Casaubon de Maysonneuve, futur époux, constituait, de son côté, « en faveur dudit mariage et des enfants qui à l'ayde de Dieu en seraient procréés, à la demoiselle de Lespès, 110.000 livres pour demeurer propres à la demoiselle future épouze, soit qu'il y ait procréation d'enfants de leur futur mariage, soit qu'il ny en eût point, soit encore qu'il y en eût eu et fussent décédés ; la demoiselle ne pourra prétendre aucune part aux autres biens ni acquitz du sieur futur époux ». Sur les 110.000 livres, M. de Casaubon devait acheter pour 50.000 livres de maisons, terres et autres biens fonds à Bayonne, d'accord avec les parents de la demoiselle.

Le mariage fut célébré le lendemain, 16 octobre 1731.

Les Maisonnave ou Maysonneuve de Casaubon portaient, en 1721, le titre d'écuyer. Ils expliquaient que, la mort de leur grand-père ayant laissé ses enfants en bas-âge, leurs titres de noblesse furent perdus, et que pour la plupart des actes les concernant, on avait omis la qualité d'écuyer.

En 1750, Bernard-François et Jean-Maurice Maisonnave de Casaubon demandèrent au roi de les confirmer dans leur ancienne noblesse. Ils produisirent, à l'appui de leur requête, un certain nombre de titres prouvant que, depuis 1582 au moins, leur trisaïeul, Jacques Maisonnave de Casaubon, avait et prenait le titre d'écuyer ; que leur bisaïeul, Jean, avait le même titre ; que leur aïeul, Jean-Jacques, était écuyer ; que leur père avait pris ce titre dans son acte baptistaire ; ils justifiaient enfin d'un certain nombre de pièces à l'appui de leur demande : 1° une commission de lieutenant-colonel d'un régiment de milice, du 15 juin 1695 ; 2° deux lettres de M. de Lansac, sénéchal d'Albret, pour la convocation de la noblesse, de 1690 et de 1696 ; 3° quatre lettres du lieutenant général de la sénéchaussée d'Albret, au sujet du ban et arrière-ban, écrites à leur grand-père, qui y est traité de noble et de gentilhomme (1695-1696-1702-1703) ; 4° une commission de lieutenant dans la compagnie de son père, pour Bernard-François de Casaubon (21 juin 1702).

Par lettres de décembre 1751, le roi Louis XV confirma la noblesse des Casaubon :

LOUIS, par la grâce de Dieu, roy de France et de Navarre, à tous présents et à venir, salut.

Nous mettons au nombre de nos devoirs d'étendre nos soins à tout ce qui peut faire fleurir le commerce maritime, et à connoître ceux de nos sujets qui y contribuent avec le plus de succès afin que les grâces dont nous les jugerons dignes soient pour d'autres un sujet d'émulation qui leur donne des imitateurs, et étant informés que nos chers et bien amés Bernard-François Maisonnave de Casaubon, et Jean-Maurice Maisonnave de Casaubon, frères, négociants connus sous le nom de Casaubon dans toute l'Europe, et jusqu'aux extrémités du monde, où ils ont étendu leur commerce, se sont acquis la confiance et la grande réputation dont ils jouissent, par un juste discernement dans le choix de leurs correspondants, par leur sagesse dans les entreprises, par leur bonne foy dans les engagements et par leur vigilance à les remplir, tant de rares qualités réunies leur ayant mérité les relations les plus distinguées et leur ayant procuré de fréquentes occasions de faire éclater leur zèle pour notre service, dont nous avons retiré de grands avantages : nous avons résolu de les en récompenser par des marques d'honneur qui passent à la postérité sous le nom de Casaubon qu'ils ont rendu mémorable dans toute l'Europe et chés les nations les plus reculées, à quoi nous nous portons d'autant plus volontiers qu'ils sont nobles d'extraction, suivant les titres qu'ils nous en ont fait représenter, et qu'ayant négligé de prendre la qualité d'écuyer dans quelques actes, cette omission pourroit leur nuire s'il ny étoit par nous pourvu.

A ces causes, de l'avis de notre conseil, et de notre grâce spéciale, pleine puissance et autorité royale, nous avons maintenu, confirmé et conservé, et par ces présentes signées de notre main, maintenons, confirmons et conservons les dits sieurs Bernard-François de Casaubon et Jean-Maurice de Casaubon, son frère, dans leur ancienne noblesse d'extraction, les relevons en outre du deffaut et obmission de la qualité d'écuyer dans les actes qu'ils ont passés, et en tant que de besoin, nous avons de nouveau, les dits sieurs Bernard-François de Casaubon et Jean-Maurice de Casaubon annoblis et annoblissons pour jouir par eux, leurs enfants, postérité et descendans, masles et femelles, nés et à naistre en légitime mariage, dudit titre de noblesse, et de tous les droits, prérogatives, privilèges, franchises, libertés, avantages, préminences, exemptions et immunités dont eux et leurs auteurs ont jouï ou dû jouïr, et dont jouïssent et ont accoutumé de jouïr les anciens nobles de notre royaume, tant qu'ils vivront noblement et ne feront acte de dérogeance, comme aussi vouloir qu'ils soïent inscrits dans le catalogue des nobles sous le nom de Casaubon, sans y joindre ou faire précéder celui de Maisonnave, non plus que dans les autres actes qu'ils passeront à l'avenir, dont de notre même grâce spéciale, pleine puissance et autorité royale, nous les avons dispensés et dispensons par ces présentes, dérogeant pour ce regard, par ces dites présentes, à tous édits, ordonnances, arrêts, coutumes et règlements contraires, voulons qu'ils puissent acquérir, tenir, posséder tous fiefs, terres et seigneuries nobles de quelque titre et qualité qu'elles soient, leur permettons de porter les anciennes armoiries, timbre de leur famille, telles qu'elles sont blazonnées par le sieur d'Hozier, conseiller en nos conseils, juge d'armes de France, maître ordinaire en notre chambre des comptes à Paris, ainsi qu'elles seront peintes et figurées[1] dans les présentes, auxquelles son acte de règlement sera attaché sous le contrescel, avec pouvoir et liberté de les faire peindre, graver et sculpter en tels droitz de leurs maisons, terres et seigneuries que bon leur semblera, sans que pour cette raison de tout ce que dessus, les dits sieurs Bernard-François de Casaubon, et Jean-Maurice de Casaubon, leurs enfants,

---

1. La copie du titre que nous avons ne donne pas ces armoiries : *d'or à un chevron de gueules, accompagné de trois roses au naturel.*

postérité et descendans puissent être tenus de nous payer, à nos
successeurs roys, aucune finance ni indemnité dont à quelque
somme qu'elle pusse monter, nous leur avons fait et faisons
don par ces dites présentes, et sans qu'ils puissent être troublés
ni recherchés pour quelque cause, occasion ou prétexte que ce
soit, à la charge par eux de vivre noblement et sans derroger.

Sy donnons en mandement à nos amés et féaux conseillers
les gens tenant notre cour de parlement de Bordeaux, cour
des comptes, aydes et finances de Pau, cour des aydes de Bordeaux, et à tous autres nos officiers et justiciers qu'il appar-
tiendra, que ces présentes ils fassent registrées, et du contenu
en icelle, jouir et user les dits sieurs Bernard-François de
Casaubon et Jean-Maurice de Casaubon, ensemble les dits
enfans, postérité et descendans masles et femelles, nés et à
naistre en légitime mariage, pleinement, paisiblement et perpé-
tuellement, cessant et faisant cesser leurs troubles et autres
empeschements quelconques, nonobstant tous édits, déclara-
tions, arrêts et règlemens à ce contraire, auxquels et aux déro-
gations y contenues, nous avons dérogé et dérogeons pour ce
regard seulement, et d'en user en conséquence. Car tel est
notre plaisir ; et afin que ce soit chose ferme et stable à toujours,
nous avons fait mettre notre scel à ces dites présentes, sauf en
autres choses notre droit et l'autruy de toutes.

Donné à Versailles au mois de décembre, l'an de grâce 1751,
et de notre règne le trente-septième.

Signé : LOUIS.

Par le Roy :

Signé : PHELIPPEAUX.

A la fin de ces lettres, sont transcrits l'enregistrement à
la cour de parlement, chambre des comptes et finances de
Navarre, le 2 mai 1752, et l'enregistrement à la cour des
aides et finances de Guyenne, le 14 janvier 1767.

C'est surtout grâce aux services qu'ils avaient rendus à la
France, dans leur commerce, que les négociants Casaubon
obtinrent cette récompense.

Fixé à Cadix après son mariage, Jean-Maurice de Casau-

bon s'associa avec ses parents, les Béhic, pour la direction
de leur maison de banque et de commerce, placée sous la
raison sociale : Casaubon, Béhic et Cie. Cette maison attei-
gnit très rapidement une grande importance. Elle faisait la
banque avec la France, l'Espagne, l'Italie et la Hollande,
achetait et revendait les produits de ces pays, où elle avait,
dans les grandes villes et dans les ports, des comptoirs
dirigés par des agents. Elle possédait ou affrétait, pour des
opérations maritimes, un grand nombre de vaisseaux qui
voyageaient en flottes marchandes, seules, ou, en cas de
guerre, sous l'escorte de navires de l'Etat, et transportaient
dans les colonies de la France et de l'Espagne les produc-
tions de l'Europe et en ramenaient, au retour, le café, la
cochenille, le tabac, les vins, l'or, l'argent et beaucoup
d'autres marchandises.

Les pièces de notre dossier nous fournissent peu de renseignements sur le fonctionnement de l'association Casaubon, Béhic et Cie, de 1731 à 1768. Casaubon a transcrit
quelques-unes de ses lettres et de celles de ses associés sur
un grand cahier de correspondance de trente-trois feuillets,
entre 1767 et 1768. Il était alors, depuis plusieurs années,
un des syndics de la Compagnie des Indes à Paris. Cette
correspondance énumère pour cette période le chiffre énorme
des achats et des recouvrements de la société ; une note
montre que les risques à courir devaient être quelquefois
très gros : ainsi, pour deux ans et demi, en 1766 et 1768,
Casaubon avoue avoir perdu personnellement plus de
20.000 livres, rien que pour les assurances de trois vaisseaux,
les *Lalas*, *Préséance* et *Raphaël*.

Jean-Maurice de Casaubon eut trois fils et trois filles, de
son mariage avec Claude de Lespès de Hureaux :

1° Un fils, mort en 1767 ;

2° Un autre fils, capitaine au régiment de Royal-Allemand
cavalerie, décédé à Pont-à-Mousson, le 16 septembre 1767 ;

3° Un troisième fils, André-Victor Casaubon, attaché à la maison de commerce de Paris ;

4° Une fille, Catherine-Madeleine-Ignace [1], mariée à M. de Ponleroy, maréchal des camp et armée du roi ;

5° Une autre fille, Nicole-Dominique, mariée à François-Frédéric de Varennes, marquis de Bourron, capitaine au régiment des Gardes-Françaises ;

6° Une troisième fille, Julienne-Angélique, épouse de Jean-Louis Michon, comte de Vougy, chevalier, seigneur du comté de Vougy, mestre de camp de cavalerie, chevalier de Saint-Louis.

Un certain nombre de lettres écrites à Jean-Maurice Casaubon, syndic de la Compagnie des Indes à Paris, rue de la Madeleine, ou rue Neuve-des-Capucines, bureaux de cette Compagnie, figurent dans notre dossier ; elles montrent Casaubon dans les meilleurs termes avec des personnages marquants de l'époque. Il avait conservé, en venant à Paris, d'excellentes relations avec des gens influents à la cour d'Espagne et à Cadix. Nous citerons quelques-unes de ces lettres :

23 décembre 1749. M. de Puyseulx [2] se rappelle affectueusement au souvenir de Casaubon, et le remercie de ses services.

23 décembre 1749. Le chevalier de Caylus [3] demande des fonds pour des achats à Malaga.

1744. M. de Champeaux [4] entretient longuement Casaubon

1. Catherine-Madeleine-Ignace aurait épousé M. de Ponleroy, et non de Promboy, comme le disent les auteurs des *Ficfs du Bourbonnais*. Toutes les lettres que nous avons portent le nom de Ponleroy.

2. Le marquis de Puisieux, maréchal de camp, conseiller d'Etat, ministre des affaires étrangères, 1747-1748.

3. Le chevalier de Caylus devait être le fils du marquis de Caylus, gouverneur dans l'Amérique, et l'un des associés de la Compagnie des Indes.

4. M. de Champeaux s'occupe beaucoup du commerce des Indes dans sa correspondance.

d'une expédition par mer, des moyens de relever le commerce des Indes, d'en faire profiter la Compagnie ; nombreuses marques d'amitié.

En 1750, 1751, 1752, lettres de la Compagnie des Indes, pour l'envoi d'un million de piastres à Cadix ; l'agent demande aussi cent cinquante bouteilles du plus excellent vin de Pacaret et de vin de Malaga, pour être vendues à Lorient.

26 mars 1751. M. de Machault [1], qui aime le bon tabac, écrit de Versailles, pour demander à Casaubon le tabac d'Espagne dont il lui a parlé à son dernier voyage à Paris ; désire faire venir des manoques de la Havane, pour faire fabriquer le tabac par un bon ouvrier de Marseille ; recommande de surveiller l'emballage, pour que les ballots voisins ne lui donnent pas le goût de goudron ; il en veut cent cinquante à deux cents livres ; prendre ce qu'il y a de plus fin dans les feuilles.

1751. Plusieurs lettres très affectueuses du comte de Vaulgrenant, attaché à l'ambassade de France à Madrid ; félicite Casaubon de se fixer à Paris, le consulte sur certains événements commerciaux de Paris et d'Espagne.

1750-1751. Lettres de M. de Vaulgrenant lui envoyant les félicitations de M. de Puisieux et du comte de Berre.

1752. Le prince de Maneran parle à Casaubon du règlement de comptes dont il s'est occupé avec feu son oncle, le comte de Brenne.

1765. Le financier Beaujon écrit pour le créditer, en Espagne, de 50.000 livres tournois pour achat de chevaux pour la grande écurie du Roy.

1764-1765. Lettre de Tanerot, de Bayonne, relative aux nouvelles de la flotte marchande, à l'échec de notre escadre dans la rivière de Larrache, à une spéculation sur le cacao de Guayaquil ; au recouvrement de traites (654.205 livres), sur Paris, Amsterdam, Londres.

Des fragments des réponses de Casaubon sont relatifs aux spéculations de sa banque ou de la Compagnie des

---

1. De Machault, contrôleur général, garde des sceaux, 1750 ; ministre de la marine, 1754.

Indes sur les toiles de Rouen, la cochenille, les mines d'argent et de fer du Portugal, le tabac, le café, etc. ; aux mesures à prendre pour les départs de Lorient, de Brest et des ports d'Espagne et du Portugal de la flotte des bâtiments de commerce et des navires de guerre qui les protègent.

Casaubon était fixé définitivement à Paris. Il allait faire construire une maison où il se logerait avec sa femme, ses filles et ses gendres, de Ponleroy, de Bourron, de Vougy, et les deux fils qui lui restaient. Cette famille semble bien s'accorder avec le père et la mère ; les lettres qu'ils échangent se terminent toutes avec les formules les plus amicales et les plus respectueuses ; celles de Casaubon parlent toujours en excellents termes de ses gendres et de ses filles, de ses petits-enfants et de leur santé.

La fortune du financier devait être très considérable. Des passages des lettres de M. de Vougy laissent croire que sa femme avait eu 200.000 livres de dot, et, comme il est probable que ses sœurs n'avaient pas été plus mal partagées, c'était donc, pour les trois filles, une somme de 600.000 livres que le financier avait sortie de ses coffres. Le fils de Cadix avait eu de gros intérêts dans la maison ; le capitaine au Royal-Allemand cavalerie était bien renté et, à sa mort, le père paya de nombreux créanciers. Quant à André-Victor, il était attaché aux bureaux de son père à Paris, et le remplaçait pendant ses voyages.

On ne saurait fixer, même approximativement, les revenus de Casaubon ; mais quand on le voit propriétaire de deux grandes maisons à Paris, de la terre de Saint-Gerand-de-Vaux rapportant au moins 25.000 livres ; quand on lit toute la correspondance échangée avec ses associés pour arriver à la difficile liquidation des fonds qu'il avait à retirer, — des centaines de mille francs dont il presse le remboursement, — on peut, sans exagération, évaluer

à plus de 100.000 livres de rentes son revenu total,
défalcation faite de la dot de ses filles. Une lettre de Vougy
indique que Casaubon faisait valoir, dans son commerce,
une partie de cette dot, et intéressait aussi ses autres
enfants dans les expéditions qu'il faisait.

Casaubon resta à Bayonne ou à Cadix, pendant plus de
cinquante ans, représentant ou associé de Béhic et Cie.
Quand il se retira des affaires, en décembre 1768, à cause
de sa mauvaise santé et du chagrin que lui avait causé la
mort de ses deux fils, il fut remplacé par un M. Tanerot;
il continua à faire, pour son compte, quelques petites
affaires d'exportation.

*
* *

Arrivons maintenant à son acquisition de la grande
terre bourbonnaise de Saint-Gerand-de-Vaux, au moment
où il devient Bourbonnais à certaines époques.

Au XVIIIe siècle, les terres de Saint-Gerand-de-Vaux,
Saint-Loup et Gouise avaient été acquises des héritiers de
la Guiche par M. Bertin, maître des requêtes, puis reven-
dues par lui, en 1732, à Philibert Orry, contrôleur général
des finances, puis ministre d'Etat, grand officier et trésorier
des ordres du roi. Mort sans postérité, en novembre 1747,
en son château de la Chapelle, près Nogent-sur-Seine, ce
personnage laissa Saint-Gerand et les terres en dépendant
à son neveu, Philibert Orry, intendant des finances. Au
décès de Philibert, sa veuve, Hélène-Louise-Henriette de la
Pierre de Bouzie, et son fils, Philibert-Louis Orry, seigneur de Fulvy, furent obligés de vendre la terre de Saint-
Gerand pour liquider une situation grevée de dettes con-
sidérables, plus d'un million, ainsi que l'avouait Philibert-
Louis dans une lettre écrite à Casaubon pour le prier de
presser le solde de son acquisition ; il lui restait à peine,
disait-il, 6.000 livres de rente.

Avant Casaubon, Saint-Gerand avait été acheté, vers 1762, par le chevalier Rothe qui, ayant perdu sa femme après l'acquisition, avait obtenu, de la famille Orry, la résiliation de son contrat.

Par acte du 20 mai 1763, passé devant Me Vanin et son collègue, notaires au Châtelet de Paris, Casaubon, ancien syndic de la Compagnie des Indes, acheta Saint-Gerand et d'autres terres et seigneuries en dépendant, moyennant le prix de 323.000 livres, y compris les bestiaux, payables 3.000 livres le jour de la signature de l'acte, et le surplus en divers termes, quand Casaubon aurait réglé des dettes Orry, terminé un procès à faire à M. Giraud des Echerolles et, avec d'autres personnes, fait établir par Claude Giraud de Mimorin la rénovation des terriers, de tous les cens, rentes, tailles, carpots, terres et percines et autres droits honorifiques, utiles et mixtes, etc.; cette rénovation devait faire trois volumes reliés proprement et d'une écriture très lisible, et coûter 12.000 livres et quinze louis d'épingles; pendant son travail, M. de Mimorin devait être logé et nourri, au château, avec son élève, deux domestiques et leurs chevaux.

Dans les diverses pièces du dossier parvenu jusqu'à nous, épaves des archives laissées par Casaubon à Paris ou à Saint-Gerand, nous n'avons pas trouvé un état de la terre au moment de son achat par le financier; mais une note datant de 1779, dressée pour une vente éventuelle par les héritiers, fournit des renseignements intéressants.

Cette terre est un fief mouvant uniquement du Roy à qui elle ne doit que la foi et hommage sans aucun droit de quint ny requint [1], lods et ventes ni aucun autre; ce qu'elle devait à d'autres seigneurs ne fait pas l'objet d'une pistolle par an.

1. Droits féodaux levés par le seigneur à chaque vente d'un fief relevant de ses domaines; le quint était la cinquième partie du fief vendu, et le requint le cinquième denier du quint; les lods et ventes concernaient la vente d'héritages soumis au cens.

Elle consiste en trois grandes paroisses en toute justice haute moyenne et basse, et elle a toujours eu le titre de comté ; sa directe s'étend aussy sur des paroisses voisines. Elle est située sur la grande route de Paris et de Moulins à Lion, à quatre lieues de Moulins, une lieue de Varennes, deux de Saint-Pourçain, et trois quartz de lieues de l'Allier rivière navigable qui tombe dans la Lalloire et va par conséquent à Paris par le canal de Briare, et à la mer par Orléans et Nantes.

Le château [1] n'est pas vieux et il est bien bâti par Gabriel de la Guiche, grand maître de l'artillerie de France, qui a possédé cette terre avant qu'elle fût dans la maison de Rohan. Ce château a 24 toises de face du côté du Levant ; l'aile qui le joint et qui a 22 toises a été presque bâtie à neuf par le père du propriétaire actuel [Casaubon]. Toute cette aile est en souterrain eu égard au château et de plein pied eu égard aux basses-cours. Il y a de très belles cuisines, offices communs, etc. Tous les meubles y ont été envoyés de Paris, et ils sont tous en damas ou en toile d'orange toutte neuve. Le château est situé dans un parc [2] qui a environ 4.800 toises de tour, fermé

1. Le château avait été primitivement construit sur deux mottes entourées de fossés : à l'Est, la motte de la basse-cour ; au-dessous, celle du vieux château. Il fut reconstruit, de 1600 à 1610, par Jean-François de la Guiche, maréchal de France. Devant lui un grand terrain, « le parterre », avait conservé deux tours d'angle de l'ancienne enceinte, et contenait la maison du jardinier ; au Nord du château avait été bâtie, par Orry de Fulvy, la nouvelle ferme, et près d'elle se trouvait le grand jardin potager entouré de murs. Une belle pelouse, encadrée de vieux chênes, existait au Sud du manoir, précédant le vaste parc, négligé depuis longtemps, et ayant bien des vides garnis de bruyères. (Plan général de la terre de Saint-Gerand se trouvant dans notre dossier. Voir dans la *Revue bourbonnaise,* janvier 1886, *le Château de Saint-Gerand,* par M. R. de Quirielle.)

2. Ce vaste parc renfermait, dans sa clôture, une briquetterie et un domaine ; il contenait neuf étangs : étangs Rabotin, de la Tuilerie, Jacques, Mademoiselle, Monsieur, Madame, des Patureaux, du Parc, Nouvel-Etang, et deux pièces d'eau, rondes, entourées de sapins ; au Sud et au Nord, il y avait de vieux chênes ; au Sud, un verger planté de huit cents pommiers et poiriers, et au Nord, un terrain planté de huit cents jeunes noyers ; le chemin du château contournait le mur du parc pour arriver, à l'Ouest, à la porte du fief ; plus bas, au Sud, se

de murs en bon état et contient environ douze cent vingt
arpens. Dans la basse-cour qui est fort grande, il y a pour le
fermier une maison qui a sept croisées de face avec un premier
étage et des greniers au-dessus, belles granges, étables, écuries,
greniers, bâtiments pour moutons, brebis et volailles. Un très
beau potager contenant près de huit arpens entouré de murs
avec des arbres en espaliers choisis de la meilleure qualité et
deux pièces d'eau pour l'arrosement. Il y a les plus beaux
droits seigneuriaux telles que dixmes de grains, de vins et de
charnage, droits de pêche dans l'Allier, et de chasse dans une
étendue immense de terrain ; droits de taille commise ou en
main-morte, de lods et ventes au sixième denier, de marciage
suivant la coutume de Verneuil, de trois corvées par an par
chaque feu, de guet et de garde, et de taille aux quatre cas.
Ce dernier droit se perçoit sur les censitaires, et a lieu en cas
de prison de guerre, de passage d'outre mer, de nouvelle che-
valerie et de mariage de fille aînée.

Le droit de marciage est une année de revenus du censitaire,
soit à sa mort, soit à celle du seigneur, et à son choix de trois
années une.

Le droit de lods et ventes sur tous les objets qui se vendent
est du sixième du prix de la vente et du tiers du prix pour ce qui
est en taille.

Tous ces droits sont bien constatés par les titres qui sont en
fort grand nombre et dans le meilleur ordre ; les terriers sont
nouvellement faits et on est occupé à en rendre au Roy l'aveu
et dénombrement.

Tous les bâtiments de basse-cour qui ont été battis par
M. Orry, contrôleur général des finances, sont comme tout
neufs et d'une belle construction.

Le document de 1779 parle d'un parc, en partie « deffri-
ché », de prés, d'une vigne de 90 œuvres. On peut semer
660 boisseaux de seigle et 660 d'avoine ; « à raison du

trouvait la porte de Saint-Loup, puis la porte des bestiaux et celle de
Varennes ; au-dessus la porte du Loup, la porte Courtin, la porte du
Fol et d'autres petites sorties. (Plan déjà cité.)

grain 4 pour le seigle, ils rendront 2.640 boisseaux évalués 2.640 livres ; l'avoine, à raison du grain 6, donnera 1.980 livres, soit un total de 4.520 livres ».

Les neuf étangs du parc pouvaient produire un revenu net de 300 livres, pour trois milliers d'empoissonnement ; une « tuillerie qui fait la plus belle brique du pays » vaut 400 livres. En résumé, le parc peut donner 8.120 livres en foin, vigne, seigle, avoine, profit de bestiaux, moutons, brebis, laines, étangs et tuilerie.

Les quinze domaines ou métairies étaient composés de la maison du métayer, des granges, étables, bergeries et bâtiments, le tout couvert en tuile et d'autres en paille, mais bien entretenus. Sur Saint-Gerand, il y avait : les Courteaux, les Dogatins, les Grandes-Salonnes, les Petites-Salonnes, les Gaillards, les Roux, le Crozet, les Arnoux, le Fol, les Guillerots ; sur Saint-Loup, la Métairie-Neuve, les Badots, les Chambolles, les Jamets ; sur Gouise, les Berthes. Ces domaines étaient ensemencés, pour la part du maître, de 1.520 boisseaux, donnant au grain quatre la quantité de 6.080 boisseaux qui, évalués à 20 livres l'un, produisaient 12.160 livres ; profits de bétail (vingt bêtes dans chaque domaine, une ou deux juments, un troupeau de moutons, quelques cochons, 240 livres par domaine), 3.600 livres ; redevances en chanvre, pois, raves, trèfles, laines, oies, poulets, dindons, beurre, fromages, 60 livres par an et par domaine, soit 900 livres ; total produit par les domaines, 16.600 livres.

Les étangs Tardin, Batiau, Courten, Jamets, Berjoux, du Fief, de Saint-Gerand, du Moulin, Veillaud, Roux, Crozet, Neuf, des Sablons, donnent 10.650 norrains, valant 1.500 livres.

L'état ajoute, à la suite de ces descriptions, le domaine Lemoine, acquis par Casaubon, valant 1.600 livres ; une locaterie au bourg de Saint-Gerand, 50 livres ; la locaterie du Pied-de-Biche, 150 livres ; prés de réserve des Aunays et des Mouillards, 1.200 livres ; pré de réserve des Tours, 600 livres ; les Grandes-Vignes, 300 livres ; la locaterie des Guillots, 500 livres ; la maison de Saint-Loup, 200 livres ; le tènement des Sables, 300 livres ; le pré de Saint-Loup, 200 livres ; l'Isle de Saint-Loup, pour engrais des bœufs, 2.000 livres ; la prairie de Gouise, 300 livres ; la forêt de Gouise, les Brosses, les Tremblerois, les Chauffages, la Malevauvre, les Brosses de Saint-Loup, les bois Pariot et de Chambolles, au total 900 arpents de bois pouvant, par le pacage seulement, donner 700 livres (le propriétaire était en marché pour la vente de 250 arpents de la forêt de Gouise et en trouvait 75.000 livres).

La coupe des bois donnait annuellement 2.700 livres ; tonte des saules et mayères, 100 livres ; droit de leyde dans les quatre foires de Saint-Gerand et Saint-Loup, 30 livres.

Les dixmes produisaient, année commune, 3.300 boisseaux de seigle ; celles des vins, charnages, menus grains, 4.000 livres.

Les terriers de Saint-Gerand, Saint-Loup, Gouise et paroisses voisines, consistant en « redevances annuelles, soit en argent, bleds de toute espèce, volailles, corvées, avec les casualités qui ont eu lieu par les ventes ou par la mort des censitaires », sont évalués au moins à 5.000 livres.

La récapitulation générale du produit de la terre de Saint-Gerand-de-Vaux donne un total de 40.430 livres. Mise en ferme, on peut déduire le quart du produit, mais il resterait 30.000 livres.

Comme charges, la terre donnait au curé de Saint-Gerand 112 boisseaux de seigle et 310 en argent, tant pour lui que pour un vicaire ou chapelain qui est obligé de dire la messe au château, et pour un service pour le maréchal de Saint-Gerand, 310 livres ; fondation de deux lits à l'hôpital de Moulins, 200 livres ; de deux autres à l'hôpital

Saint-Joseph, 100 livres ; au prieuré Sainte-Croix de Varennes, 15 livres ; au terrier du Vigier, 6 livres ; à la
fabrique de Saint-Gerand, 4 livres ; au curé de Saint-Loup,
500 livres. Au total, les charges connues se montaient à
1.135 livres.

En terminant cet état de situation de la terre, que nous
résumons rapidement, l'auteur ajoute que le propriétaire
avait trouvé d'abord 25.000 livres de la ferme et « un bon
pot de vin, payable une année d'avance ; il vient de l'af-
fermer 27.600 livres, sans compter la tuilerie et les réserves
dont il jouira, ce qui fait au bas mot un revenu de
28.000 livres ».

Dans une note, on rappelle que Saint-Gerand était, avant
l'achat par M. Casaubon, affermé 14.600 livres, dont il
fallait déduire les charges et impositions royales, et qu'il
restait un revenu de 12.036 livres par an, sans y com-
prendre les réparations des bâtiments.

Les possesseurs de la terre, avant le nouvel acquéreur,
étaient de grands seigneurs, confiant à leurs régisseurs le
soin de surveiller les fermiers, ne se rendant pas compte
du faible produit du prix, et peu soucieux de savoir si une
meilleure direction donnée aux cultures, s'ils avaient été à
même de le faire, ne pourraient pas augmenter leurs
revenus.

Mais Casaubon, l'un des directeurs de la grande maison
commerciale de Cadix, dont les lettres patentes de 1751 ont
rappelé justement les sages entreprises et ces rares qualités
« qui leur avaient mérité à eux et à leurs associés, les
relations les plus distinguées », n'était pas un homme à
accepter, sans contrôle, l'offre de fermiers, sans vérifier
le produit de ses domaines, les recettes qu'ils pouvaient
donner et les avantages que devait apporter une bonne
administration.

Les terres étaient louées, au moment de l'achat, à un

fermier général, le Parisien Michault, cautionné par Pierre-Joseph Fabry, intéressé dans les affaires du Roy ; cette caution avait continué la ferme à la mort de Michault. Casaubon en poursuivit la résiliation, et la veuve Michault, Jeanne-Bonne Marilhet, céda la ferme, par acte du 13 mars 1765.

Dès qu'il eut en mains tous ses domaines, Casaubon appliqua à leur direction les règles de contrôle et de surveillance qui avaient assuré la prospérité de son négoce ; à l'exploitation par un fermier général, qui empochait les bénéfices, il substitua une régie sous ses ordres. Il établit une comptabilité en partie double, dont il fournit lui-même le modèle, et dont il exigea l'entière exécution ; ce ne fut pas tout d'abord facile, et les comptes montrent que plusieurs années furent nécessaires. Enfin, vers 1767, la régie fonctionna régulièrement, et les états de recettes et de dépenses permirent de savoir exactement ce que devait produire la terre. M. de Vougy, père de son gendre, qui avait près de Roanne une grosse terre exploitée par métayers, sous sa direction, lui prêta un concours des plus utiles ; c'est ainsi que fut établi un premier chiffre de ferme de 25.000 livres, qui laissa bien loin derrière lui les 14.600 livres des anciens propriétaires.

Les comptes, tenus chaque jour, comprennent toutes les dépenses payées pour le château, celles personnelles aux séjours des maîtres, nourriture ou frais accessoires, frais de correspondance, quelle qu'en fût la minime valeur, aussi bien le mémoire de trente et une livres seize sols présenté par l'apothicaire de Moulins pour Casaubon fils et ses gens, que la réparation coûtant une livre faite à un éperon, la livre quatre sols pour le dindon mangé dans une halte de chasse, les dix sols de couperose et de noix de gale destinées aux chiens de monsieur, et les trois livres de poison pour les rats, envoyées de Paris par le juif Samuel Hire, avec la manière de s'en servir. Ces comptes donnent le détail des gages des domestiques, leur nourriture, leurs livrées, leurs étrennes, les produits des diverses métairies en bétail et en grains, les réparations exécutées aux bâtiments ; tous ces détails seraient curieux à étudier pour montrer le fonctionnement d'une grande exploitation rurale à la fin du xviiie siècle, le prix du bétail, du froment, du seigle, etc.

L'un des registres rappelle les heures d'arrivée et de départ des lettres : « pour Paris, les dimanche, mercredy et vendredy, avec ordre de les envoyer à Varennes, la veille au soir, parce qu'elles partent de grand matin ; pour les réponses venant de Paris, les lundy, jeudy et samedy, les faire prendre à Varennes dès après-midy ; un carrosse de Paris passe à Varennes, le 24 de chaque mois ».

Notre dossier n'a aucune description du mobilier du château en 1763, au moment de la prise de possession par les Casaubon ; d'après un état de ce mobilier, dressé en 1767, on voit qu'on avait laissé quelques meubles :

Dans le salon de compagnie, six fauteuils de paille garnis de leurs coussins de damas d'Abbeville vert et blanc, cinq chaises de paille cintrées, deux tabourets de pied en paille, deux tables de quadrilles garnies d'un tapis de drap vert, un métier de tapisserie. Dans le cabinet à écrire, une table en chêne. Dans la chambre de Madame, un lit à grand pavillon à rideaux de cotonne chinée, un feu, une pelle, des pincettes, une tenaille, un souflet et une chaise de paille. Dans le cabinet de toilette, une commode, une table de nuit, un fauteuil de paille, une cuvette et son pot à eau de faïence, un miroir. Dans la salle à manger, une table pour dix personnes, un buffet à verre, un fauteuil et dix chaises cintrées de paille. Dans la chambre de Monsieur, une commode, une table de nuit, une table à écrire couverte de peau de chèvre, un grand fauteuil de paille et deux chaises, un feu avec sa garniture, un miroir, une cuvette et son pot, de faïence. Dans la cuisine, une grande table, un plot à hacher la viande, des chenets, pelle et pincettes, une crémaillière, une ratière, deux broches, un tournebroche garni. Plusieurs lits pour les domestiques dans les garde-robes ou les chambres du haut.

Dès 1764, Casaubon s'occupa de remeubler Saint-Gerand et d'y faire envoyer des meubles de Paris. Il ajouta des constructions neuves à celles du château ; elles furent édifiées pendant deux ou trois années, sous sa surveillance et celle du régisseur. Mais les comptes ne fournissent, à ce sujet, que des chiffres globaux et quelques détails sur d'autres objets acquis, par exemple pour de la vaisselle, des huiliers, des bouteilles, du linge. En 1781, une description du château fut établie, probablement pour un projet de vente éventuelle. Nous en supprimons quelques détails qui nous paraissent inutiles. Voici quel était alors l'aspect général des appartements et du mobilier :

Salon : une boiserie court à hauteur d'appui avec baguettes autour de la tapisserie ; elle est peinte en gris ; il y a une glace ; la tapisserie est de toile dorange ; quatre fauteuils et dix chaises de tapisserie jaune et noire, trois fauteuils de paille garnis de coussins et dossiers de moquettes, deux chaises de paille, deux tables à quadrille, un coin de feu de bois peint, un écran à pied, neuf petits écrans, chenets, pelle, pincettes, soufflet, balai, une canne garnie de deux têtes de porcelaine, une bourse à jetton de nacre de perle, une autre bourse à jetton d'hivoire.

Chambre de Monsieur : boisée à auteur d'appuy, tapisserie dorange, deux rideaux de toile de cotton, un lit en baldaquin de pareil toile, chenets, pelle, pincettes, un coin de bois, une table à tiroirs, un fauteuil de paille fort élevé, un fauteuil et dossier de moquette, trois chaises de paille, un miroir, un pot à l'eau et de cuvette, un plat à barbe.

Chambre à deux lits jumeaux : tapisserie d'indienne, commode, table de toilette, deux tables de nuit, un miroir, un pot à l'eau et cuvette, plat à barbe, deux fauteuils en tapisserie, deux fauteuils de paille.

Salle à manger : boisée à hauteur d'appui, tapisserie de toile peinte, table à manger, buffet, quatre fauteuils de paille, huit chaises de paille, chenets, etc.

Chapelle : quatre prie-Dieu ; trois chaises de paille ; un vieux crucifix de cuivre ; deux chandeliers de bois ; deux burettes de verre et un vieux plat d'étain ; une clochette de cuivre argenté ; cartons de l'autel ; deux coussins pour le missel ; deux missels ; deux nappes d'autel garnies de dentelles ; nappes, aubes, amics, lavabos, trois chasubles, un calice et sa patène garnis d'argent doré.

Au premier étage, les mêmes objets qu'au rez de chaussée, lits, chaises, fauteuils, avec tapisserie de toile d'orange ; cabinet à côté sur la cour des cuisines, harmoire, contenant un habit, veste et culotte de drap gris ; une robe d'étoffe brochée en argent et son jupon ; un deshabillé de burre ; seize livres de bougie ; dix-huit pots de confiture ; deux livres de café ; deux livres de chocolat ; une seringue avec sa chaise.

Les autres pièces ont un mobilier assez sommaire, toile dorange, fauteuils, etc. ; une a une garniture de lit de damas cramoisy.

La chambre de Mme de Vougy : tapisserie de toile dorange ; lit à baldaquin de toile de cotton ; fauteuils de tapisserie ; chaises, commode, toilette, table de nuit.

Il y avait douze pièces ou cabinets au rez-de-chaussée, onze au premier étage ; dans le bâtiment dit des Jacobines, neuf ; au vieux château, au rez-de-chaussée, sept ; au premier étage, où se trouvait la chambre de la maréchale, meublée simplement d'une alcôve, quatre.

Le linge était assez nombreux ; peu d'argenterie. Dans les autres dépendances, on ne trouverait aucun intérêt à voir énumérer les détails de la vaisselle de la cuisine, du linge, des objets d'écurie, de l'exploitation rurale, de la cave.

Il n'y a plus aucun des anciens meubles qu'avait pu posséder cette antique demeure, habitée pendant de longues années par une illustre famille bourbonnaise. Le vaste logis

de la Guiche avait perdu pour toujours ces grands seigneurs, avec leur cour et leur suite d'officiers et serviteurs
qui l'avaient habité avec eux : le capitaine du château, l'intendant, le capitaine des gardes, le grand veneur, l'argen-
tier, l'aumônier, les maîtres d'hôtel, les domestiques de
toute catégorie, dont on retrouve les noms et les emplois
dans certains actes des registres paroissiaux.

Le manoir Casaubon n'était plus qu'une grande maison
de campagne ayant le mobilier bourgeois strictement
nécessaire pour recevoir, pendant quelques mois, le financier et sa famille, venant y passer la belle saison, non pour
y tenir le rang de riches gentilshommes, mais pour surveiller les récoltes et faire les vendanges.

Diverses complications avaient tourmenté Casaubon, au
début de sa prise de possession de Saint-Gerand ; il avait
eu à poursuivre les mineurs Lemoine, en restitution d'un
atterrissement considérable de trente-six septerées de terre
qui s'était formé le long de l'Allier et dont il réclamait la
propriété, aux termes de la coutume du Bourbonnais ; à
soutenir le gros procès, dont nous avons parlé, intenté par
lui à M. Giraud des Echerolles, pour avoir acquis des Orry
de Fulvy, « au prix dérisoire de 6.400 livres, y compris le
pot de vin, l'érection en fief de son beau manoir des Echerolles, consistant en quatre tours, bâti en briques à la
moderne, en beaux jardins, parterre, vergers », et avoir
obtenu le droit de chasse sur tous les héritages dépendant
de sa terre. Les avocats de Moulins et ceux de Paris, con-
sultés par Casaubon, avaient critiqué fortement, le texte de
la coutume en mains, le traité d'érection en fief d'un manoir, en faveur d'un roturier tel que M. Giraud des Echerolles, ainsi que le qualifiaient ces hommes de loi, qui éva-
luaient à plus de 20.000 livres le montant réel de la valeur
de l'érection.

Le procès fut suivi devant toutes les juridictions, dura

fort longtemps, coûta beaucoup, et fut perdu par Casaubon. Le nouveau seigneur de Saint-Gerand fut consolé par de Vougy père, qui s'occupait de tout ce qui intéressait le beau-père de son fils ; il lui écrivit une longue lettre « pour lui exprimer sa douleur, l'engager à ne pas se laisser abattre par l'adversité, à élever son âme et à prendre de nouvelles forces ». Plus loin, M. de Vougy gémit : « Les chambres du parlement, pour la plupart, ne sont composées que de polissons ; si nous avions de tels sujets dans la province, l'on n'en serait pas étonné, mais parce qu'ils habitent Paris, les Parisiens en sont émerveillés ; pour moi je les méprise souverainement. J'ay toujours été persuadé que le tiers était un fripon et un coquin ; il a reçu sûrement de l'argent de la maison des Echerolles pour faire faire cette vente ; comment auriez-vous voulu aller contre ce qu'il a fait ? Je pense de plus que tous vos fameux avocats de Paris ont de l'esprit, mais ils sont dissipés, ils ont trop d'affaires, ils songent au luxe qui a gagné ce païs-là. »

Casaubon eut de plus maille à partir avec une quantité de gens de son voisinage, lorsque Giraud de Mimorin lui eût remis le terrier refait par lui. Il dut, par exemple, contester à ses voisins de Balorre et des Echerolles, aux habitants de Saint-Loup, les pacages sur l'île de ce nom, leur imposer un droit de pacage pour plus de deux cents têtes de bétail qu'ils envoyaient, afin de les engraisser avant de les expédier à Paris. La première fois que la contestation eut lieu, les métayers et autres habitants assaillirent à coups de bâtons le garde du seigneur de Saint-Gerand ; on mobilisa la maréchaussée pour arrêter les coupables et les poursuivre. Casaubon eut aussi des difficultés pour régler certains comptes avec les curés de Saint-Loup et de Saint-Gerand.

Vers 1769, André-Victor Casaubon, le dernier fils, fatigué de la vie de Paris, très asthmatique et souvent souffrant, faisant tous les ans une cure aux eaux du Mont-Dore, obtint de son père l'autorisation de s'occuper de Saint-Gerand. Ce fut lui qui rédigea alors la comptabilité de la terre, personnellement, aidé par le régisseur et recevant les conseils de M. de Vougy père, le respectable patriarche avec lequel, disait Casaubon père, « il fallait vivre à Saint-Gerand pour connaître toute l'étendue de l'intérèt qu'il prend à cette terre ; c'est un homme unique ». Ce respectable patriarche avait peut-être déjà quelques arrière-pensées sur la future destination de la propriété sur laquelle il veillait. Le fils Casaubon tenait régulièrement son père, à Paris, au courant des moindres incidents de la direction de la maison et de la ferme, dans des lettres, écrites d'une très jolie écriture, traitant, par chapitre distinct, des mesures à prévoir, celles à approuver, les dépenses projetées et leur évaluation. Le père répondait dans le même ordre, approuvait, rejetait ou ajournait ce qui avait été proposé.

Le bon air de la campagne profitait au Parisien André-Victor, « qui faisait quatre repas par jour et était debout toute la journée », et son père le félicitait en lui disant : « Il est heureux que, malgré la solitude, tu te trouves bien à Saint-Gerand ; c'est l'avantage que l'on tire du travail, au lieu que quand l'on n'a rien à faire, et quand l'on n'est pas en compagnie, on périt d'ennui », ce qui semble être une allusion à la vie de désœuvré et de libertin qu'avait eue, à Paris, André-Victor, et que lui reprochera sa sœur de Vougy, dans une lettre que nous publions plus loin.

Casaubon père engageait son fils à se mettre en relations avec les métayers toutes les fois qu'une fête ou une noce le permettrait : « Quand tu assembleras les métayers et locataires, pour leur donner à dîner, va les voir, pendant qu'ils seront à table, exhorte-les à travailler et à faire bien de petites choses et qui tendraient à leur bien qui est commun à celui du seigneur ; je pense que cette démarche, bien

loin d'être nuisible, peut convenir de la mettre à exécution. »

Bons conseils, suivis malheureusement de cette observa-
tion échappée au pratique financier : « Que le régisseur
aide tous ceux qui travailleront et même leur accorde
quelque récompense, et qu'à l'égard de ceux qui ne le
feront pas, de ne pas les aider et plutôt de les laisser man-
quer de tout. »

Les années se succédaient, bonnes, médiocres ou mau-
vaises. Tantôt Casaubon se félicitait des résultats de la
culture, tantôt il gémissait sur les pauvres récoltes, sur le
seigle qui n'a rien produit, sur les vignes qui n'ont rien
donné, se lamentant des avances que demandent les métayers, et signalant les reproches qui doivent leur être
adressés. Les métayers sont souvent changés, et les régisseurs aussi ; Casaubon est exigeant, trop peut-être pour les
pauvres métayers qui travaillent sa terre.

Tous les ans, pendant l'été ou l'automne, le seigneur de
Saint-Gerand et sa femme faisaient, avec leurs équipages,
la longue route de Paris à Saint-Gerand. Les de Vougy,
les de Bourron et de Ponleroy y passaient quelques
semaines [1] ; les moyens de locomotion manquaient, la terre
n'ayant qu'un cheval pour Casaubon le fils et un pour le
régisseur. Quand il fallait aller, en l'absence du carrosse
paternel, chercher les visiteurs à la patache, venant de Lyon
ou de Moulins, on devait presque toujours requérir les

1. Des comptes de dépenses nous fournissent quelques chiffres sur
les frais que toute la famille et ses domestiques faisaient à Saint-
Gerand, pendant deux mois de séjour ; ils s'élevaient à peine à huit
cents livres. Il est vrai que, à cette époque, on payait la livre de viande,
prise à Moulins ou à Varennes, quatre sous six deniers ; une perdrix,
huit sous ; les poulets, dix sous la paire ; un canard, trois sous ; un
pigeon, cinq sous ; un râle de genêt et six bec-figues, une livre quatre
sols ; le lard, 13 sous ; les œufs, cinq sols la douzaine ; le beurre, huit
sous la livre ; la chandelle, onze sous, et la bougie, quarante-huit sous
la livre.

charrettes à bœufs des domaines pour franchir les mauvais chemins qui séparaient Saint-Gerand de la route royale.

En 1765, le père Casaubon desserra les cordons de sa bourse et envoya à son fils une selle et des brides achetées d'occasion à Paris ; puis il se décida à lui acheter chez Saint-Aubin, le premier carrossier de Moulins, un cabriolet et des harnais qui coûtaient quatre cents livres.

Dans les dernières années de son séjour à Saint-Gerand, le propriétaire envoyait à Paris, par le canal latéral à la Loire, sur les bateaux de Mizon et Bernachez, de Diou, du vin de son vignoble des Guillerots, des tonneaux de carottes et des caisses de poires dont le châtelain se montrait très fier, et qu'il recommandait spécialement aux mariniers.

Les Casaubon ne paraissent pas avoir eu de relations bien suivies avec les possesseurs des terres voisines et même avec leurs paysans. Le père, la mère, les fils, les de Bourron, de Vougy, de Ponleroy, ne figurent pas dans les registres paroissiaux de leur seigneurie comme parrains ou marraines des enfants de leurs domestiques et métayers. C'étaient pourtant jadis une complaisance peu coûteuse que les châtelains ou même les bourgeois d'un endroit ne refusaient guère. Les la Guiche et leurs successeurs avaient souvent, dans leurs séjours au château, donné à leur entourage cette légère marque d'amitié et d'intérêt. Le financier et les siens étaient-ils craints de leurs gens qui n'osaient la solliciter ? Une seule fois, on trouve dans les registres, après la mort de Casaubon père, à la date du 2 février 1774, André-Victor, alors seigneur de Saint-Gerand, Gouise et Saint-Loup, qui était avec sa mère, Claude Lespès de Hureaux de Casaubon, parrain et marraine de la quatrième cloche de l'église de Saint-Gerand [1].

Quand Casaubon se retira de la société commerciale de

____

[1]. Arch. de l'Allier, E. supplément, paroisse de Saint-Gerand-de-Vaux.

Cadix, peut-être à la suite des difficultés qu'il eut avec les Béhic pour la reprise de sa « légitime », c'est-à-dire des fonds qu'il avait engagés dans les affaires, sa santé était compromise. Les dernières lettres échangées avec ses associés montrent qu'il était urgent qu'il renonçât le plus tôt possible à toute inquiétude, qu'il réglât ses affaires et qu'il prît le repos qu'exigeaient son âge, déjà avancé, et ses infirmités.

Nous ne connaissons pas exactement la date de la mort de Casaubon, qui remonte aux derniers mois de 1771 ; il avait environ soixante-quinze ans. Après son décès, sa femme eut l'usufruit de la terre de Saint-Gerand ; le fils, qui habitait le château, s'y était installé avec l'espoir d'en devenir propriétaire. Il continua sa régie, comme du temps de son père, dirigeant l'exploitation et rendant ses comptes à sa mère. Il essaya alors de lui proposer, ainsi qu'à ses sœurs, d'acquérir la terre, au prix de 395.000 livres, et il leur offrit les garanties nécessaires pour les payer de cette somme. Il faisait valoir qu'il désirait rester à Saint-Gerand, dans l'intérêt de sa santé et pour ne pas aller manger son bien à Paris, où il serait totalement isolé.

Ce projet ne paraît pas avoir été bien accueilli par la mère, les sœurs et les beaux-frères d'André-Victor, et surtout par les de Vougy, dont le père connaissait si bien Saint-Gerand, et faisait peut-être des vœux pour que son fils en devînt le seigneur.

A la mort de son père, André-Victor avait, en vertu de son droit d'aînesse, demandé qu'on lui accordât le vol du chapon [1]. Conseillé par M. Giraud de Mimorin, on avait étendu ce vol du chapon autour du château, en y comprenant tout le parc, c'est-à-dire une notable partie de la

---

1. Portion de terre qui, d'après les anciennes coutumes, revenait de droit à l'aîné, en prenant sur les terres entourant le château paternel ; ce vol du chapon voulait dire l'espace qu'un chapon parcourait en volant autour de ce château.

terre. Cela avait été fait, en Bourbonnais, disait M. de Mimorin, lors d'un partage récent entre les héritiers de Givry et de Coiffier. Il est vrai que, dans l'espèce, le vol du chapon n'englobait pas une étendue de terre aussi considérable que pour Saint-Gerand, où le parc avait plus de mille deux cents arpents et une valeur de plus de 66.000 livres ; cependant, comme le montrera une lettre de Mme de Vougy, André-Victor eut ce qu'il réclamait.

Dans les garanties offertes par Casaubon, on trouve, entre autres choses, la valeur des deux maisons que possédait la famille à Paris et sur lesquelles il abandonnait sa part : maison occupée par l'ambassade de Malte, estimée 160.000 livres, et l'hôtel Casaubon, valant 180.000 livres.

Le projet de cession des domaines de Saint-Gerand fut repris à la mort de Mme Casaubon mère, arrivée à Roanne, le 26 novembre 1779, dans une de ses visites aux époux de Vougy ; André-Victor offrit alors à chacune de ses sœurs une somme de 95.000 livres, soit 285.000 livres pour les trois quarts du prix, leur frère ayant l'autre quart et les 66.000 livres représentant le vol du chapon.

Encore une fois, l'entente ne put se faire ; une lettre qui s'est glissée dans des comptes de la ferme paraît faire remonter, bien longtemps avant le décès de la mère, les raisons qui avaient éloigné le frère de ses sœurs ; les termes de la lettre laissent deviner très clairement ce qu'on lui reprochait. Le 10 décembre 1777, c'est-à-dire avant la mort de Mme Casaubon, Mme de Vougy écrivait à André-Victor, toujours au château de Saint-Gerand :

Si vous aviés, mon cher frere, le même attachement pour moi que j'ai pour vous, vous ne quitteriés pas S. geran, sans venir me voir, je vous pardonne au reste, vôtre indiference mais elle ne diminuera pas mon attachement pour vous ce sentiment me fait voir avec effroi, le parti que vous allés prendre mon cœur se serre, quand je pense. que je ne vous entendrai plus *nommer qu'en rougissant,* je vous l'ai dit mon cher, si vous vous *mariés avec la personne en question tout le monde croira, que c'est une fille que vous avés entretenu,* que vous osés donner pour belle fille, a ma mere, je ne *vous cacherai pas qu'ayant la réputation d'un homme qui a eu toujours ce gout la, vous aurés beau dire, on ne croira pas a la vertu de vôtre femme,* et nous serons obligés dans vôtre famille, de la traituer suivant l'opinion que le public en aura, je n'ôse vous dire qu'en tremblant, que cette malheureuse passion vous rend a mes yeux un fils denaturé, car vous voyés avec une espece d'indiference le chagrin que vous ferés a ma mere, vous paroissés, tranquile, sur ce que vous appellés préjugés, vous vous croyés vertueux mon cher frere, quel aveuglement, je n'ai plus qu'une grace a vous demander, c'est de ne pas parler a ma mere, d'arrangemens pour S. geran, si vous y étes encore au nom de dieu venés passer quelques jours ici, et nous nous entendrons emsenble pour voir le moyen de ne plus vous laisser ce parc et les charges et réparations qui vous ruinent.

Avant de finir je vous rappellerai, que je vous ai dit venés ici, je vous ferai voir une jeune fille charmante pour la figure et l'esprit qui a 80 mille francs qui est elevée dans le pais du monde le plus triste, qui est accoutumée depuis son anfance a la solitude, qui a des parens honnettes et même un oncle militaire qui pourroit vous lôger a paris, et si vous persistés dans vos folies, songés que j'aurai toute ma vie raison de vous faire reprocher de ne m'avoir fait la malheureuse confidence qui fait mon étonnement, que pour me mettre dans l'embarras et non pour vous chercher des moyens de vous empecher de faire la plus haute de toute les sotises.

Adieu mon cher frere, que ce ne soit pas pour la derniere fois, que je prononce ce nom si cher, en quitant S. geran, vous courés a vôtre Perte, adieu encore une fois je vous embrasse de tout mon cœur.

Casaubon de Vougy.

Mme de Vougy ne peut admettre le projet d'union de son frère. André-Victor alla-t-il voir « la jeune fille charmante pour la figure et l'esprit qui a 80.000 francs » de dot, et faire connaissance avec l'oncle militaire ? Devint-il vertueux, renonça-t-il à son projet de mariage ? Nous n'avons aucun renseignement sur sa décision. Nous retenons seulement de la réponse de Mme de Vougy que son frère avait, en décembre 1777, le château et le parc de Saint-Gerand, dont les « charges et réparations » le ruinent.

En 1777, nous remarquons, dans quelques comptes de régie, des détails spéciaux : une note concernant le plan « en bois » de la terre ; une recommandation pour des lièvres et chevreuils à mettre dans le parc ; une note sur le tableau de la Sainte Vierge à l'église de Saint-Gerand, qui a quatre pieds de haut sur trois de large, tandis que celui de la chapelle a quatre pieds six pouces de haut, sur trois pieds quatre pouces de large ; un achat d'une provision de vin de Madère de Ravero (?), de vins de Malvoisie de Carache ; enfin, un projet de girouettes aux armes des Casaubon, à mettre sur le château.

De 1778 à 1782, nous ignorons ce que devint André-Victor, qui mourut en 1783.

D'après notre dossier, le château avec les terres, en tout ou partie, revinrent à ses sœurs lors de sa mort. Longtemps après, en fructidor an IX, c'était les Ponleroy qui en jouissaient ou en percevaient les revenus ; ils furent ensuite aux de Vougy, dont le fils les vendit aux de Vacher de Saint-Gerand, auxquels succéda le propriétaire actuel, M. Clamorgan.

IMPRIMÉ
PAR
CRÉPIN-
LEBLOND
A MOULINS